novum pro

Heidrun Pinther
Judith Schmitt

yoho

Ein Streifzug durch die **Yogapraxis**
mit Katz, Maus, Mensch und vielen anderen

novum pro

Bibliografische Information
der Deutschen Nationalbibliothek:

Die Deutsche Nationalbibliothek
verzeichnet diese Publikation in
der Deutschen Nationalbibliografie.
Detaillierte bibliografische Daten
sind im Internet über
http://www.d-nb.de abrufbar.

Alle Rechte der Verbreitung,
auch durch Film, Funk und Fernsehen,
fotomechanische Wiedergabe,
Tonträger, elektronische Datenträger
und auszugsweisen Nachdruck,
sind vorbehalten.

Gedruckt in der Europäischen Union
auf umweltfreundlichem, chlor- und
säurefrei gebleichtem Papier.

© 2024 novum Verlag

ISBN 978-3-99146-785-4
Lektorat: Heidrun Pinther
Text: Heidrun Pinther
Umschlagabbildung und
Umschlaggestaltung: Regina Schicker
Layout & Satz: Regina Schicker
Innenabbildungen: Judith Schmitt

www.novumverlag.com

Liebe Leser,
es war einmal …

Vor vielen, vielen tausend Jahren bat die Göttin Parvati ihren Göttergatten Shiva ihr zu erklären, wie man seine wahre Natur erkennen kann und zu seinem Wesenskern gelangt. Sie wollte wissen, was nötig ist, damit der unstete Geist endlich zu Ruhe und Klarheit findet. Shiva versprach, alles über Yoga zu erzählen.

Sie gingen auf eine einsame Insel, denn es sollte ein geheimes Wissen bleiben. Zunächst einmal sollte keiner die Unterweisungen hören. Shiva lehrte Parvati 84.000 Yogastellungen – Asanas –, die den Körper schön und geschmeidig machen, ihn vor allem gesund erhalten und auf die höheren Stufen des Yoga vorbereiten. Er zeigte ihr auch fortgeschrittene Atemübungen, die helfen, die Lebensenergie – das Prana – zu erhöhen und den Geist ruhig und friedlich zu machen. Er sprach auch von Siddhis, den übernatürlichen Kräften, die entstehen können. Und zum Schluss verhalf Shiva Parvati mittels tiefer, Jahrhunderte dauernder Meditation zur Erleuchtung. Parvati hatte das erhabene Ziel des Yoga erreicht.

Von nun an waren beide Götter in Samadhi, den Zustand der Erleuchtung vertieft, so vertieft, dass sie nicht bemerkten, dass die ganze Zeit ein kleiner Fisch, Matsya, ihnen zuhörte. Als Matsya sah, dass Shiva und Parvati aus Samadhi langsam erwachten, machte er sich noch kleiner, um nicht gesehen zu werden. Aber Shiva bemerkte ihn dennoch, über sein drittes Auge auf der Stirn – und er sah, dass Matsya die Lehre des Yoga voll und ganz verstanden hatte.

Der kluge, kleine Fisch erlebte auch Samadhi. Daraufhin erteilte Shiva dem Fisch den Auftrag, zu den Menschen zu gehen, um denjenigen, die dazu bereit sind, die großen Weisheiten des Yoga zu lehren. Er gab ihm eine Menschengestalt und den Namen Matsyendranath.

In diesem Büchlein, liebe Leser, werdet Ihr einige jener 84.000 Asanas kennenlernen. Mal richtig, mal falsch ausgeführt. Vor allem ist dabei daran gedacht, allen Yogaübenden und denen die es werden wollen beim Betrachten der seelenvollen Zeichnungen ein Lächeln auf die Lippen zu zaubern.

Die Entspannungshaltung Shavasana

Wenn du einige Zeit bewegungslos liegst und deine Gedanken ruhig bleiben, obwohl du bei vollem Bewusstsein bist, lernst du zu entspannen. Dieses bewusste Entspannen kräftigt den Körper und erfrischt den Geist. Der Atem fließt dabei ruhig und gleichmäßig. Stetiges, leichtes und tiefes Atmen ohne eine plötzliche Bewegung des Körpers besänftigt die Nerven und beruhigt die Gedanken. Man liegt also nicht nur mit leeren Kopf auf

dem Rücken und starrt vor sich hin, und es endet auch nicht mit Schnarchen, sondern es ist eine Yogaasana, bei der man auch lernt, zur Vollkommenheit zu gelangen. Da unser modernes Leben die Nerven immer mehr beansprucht, ist Shavasana das beste Gegenmittel.

Augenübungen

Wie alle Körperteile, so müssen auch die Augenmuskeln trainiert werden. Das Auge wird bei den heutigen Lebensbedingungen weniger bewegt als in einer natürlichen Umgebung und durch viel Arbeit am Computer oder sehr viel lesen stark überfordert. Diese Übungen helfen, die Sehkraft zu erhalten oder zu verbessern und beugen Kopfschmerz vor.

Der Baum
Vrikshasana

Auch auf einem Bein zu stehen, muss gelernt sein.

Regelmäßiges Üben entwickelt starke Beinmuskeln und ein gutes Gleichgewichtsgefühl, innerlich und äußerlich.

Heiliger Feigenbaum
Asvatthasana

Der Feigenbaum gilt als der beste unter allen Bäumen der Welt. Man sagt, dass er auch nachts noch Sauerstoff abgibt. Darum ist es den Hindus verboten, Feigenbäume zu fällen. Bei dieser Übung nimmt man ganz viel Prana, Lebensenergie auf. Die Übung ist sehr gut bei Atemnot und Spannungszuständen. Besonders geeignet ist sie für Schwangere, da sie die Wehen erleichtert und den Kreislauf stabilisiert.

Die Bergstellung Tadasana oder auch Samasthiti

Tada bedeutet auf Sanskrit „Berg", Sama „gerade, aufrecht, unbewegt". Sthiti heißt „stillstehen, Standhaftigkeit". Man lernt, aufrecht und fest zu stehen wie ein Berg, wie ein Fels in tosender Brandung. Es entstehen Gefühle der Stärke, der Ruhe, der Verbundenheit mit der Erde. Tadasana bringt

dir bei, richtig zu stehen und beide Beine gleichmäßig zu belasten. Die Stellung streckt die Wirbelsäule, korrigiert so eine schlechte Haltung, verbessert die Ausrichtung des Körpers und erhöht gleichzeitig das Körperbewusstsein.

Die Vorwärtsbeuge Paschimottanasana

Man kann sich die Übung auch als Ausrichtung in die vier Himmelsrichtungen vorstellen. Paschima bedeutet Westen, und es ist der ganze Rücken vom Kopf bis zu den Fersen gemeint. Osten ist der vordere Teil des Körpers vom Gesicht bis zu den Zehen. Norden ist der Scheitel des Kopfes und dem Süden entsprechen Fußsohlen und Fersen. Das Asana kräftigt

die Organe des Bauches, baut Fett ab, stärkt die Nerven, verjüngt die Wirbelsäule, dehnt die Kniegelenksehnen und unterstützt die Verdauung. Bleibt man lange in der Stellung, wird das Herz massiert und Erkältungen vorgebeugt.

Der Lotussitz
Padmasana

Sind die anfänglichen Schmerzen in den Knien überwunden, dann ist Padmasana eine der entspannendsten Stellungen.

In der sitzenden Haltung ruht sich der Körper aus, ohne die aufrechte Lage aufzugeben. Die übereinandergeschlagenen, gekreuzten Beine und der aufrechte Rücken halten den Geist aufmerksam und beweglich. Es ist die Stellung der Meditation, in der Buddha häufig dargestellt wird.

Der Handstand
Adho-Mukha-Vrikshasana, die Kaiserstellung

Klar, das ist eine sehr fortgeschrittene Stellung. Adho-Mukha bedeutet das Gesicht nach unten halten und Vrikshasana ist der Baum. Die Stellung führt zu einer harmonischen Entwicklung des Körpers und stärkt die

Schultern, Arme und Handgelenke. Der Brustkorb dehnt sich aus. Im Handstand entwickelt man noch mehr Mut als im Kopfstand. Mut, die Welt von der anderen Seite zu betrachten, Mut, der sein zu können, der man ist.

Der Kopfstand Shirshasana, der König aller Asanas

Diese herausragende Stellung wird von vielen zurecht als Allheilmittel für sämtliche menschliche Leiden angesehen. Es entstehen viele positive physische Wirkungen, aber eine der erfreulichsten ist die verjüngende. Der Kopfstand lässt sauerstoffreiches Blut durch das Rückgrat, durch das gesamte Nervensystem und die Gehirnzellen strömen. Das stärkt die Denkkraft. Die Atmung vertieft sich und das Atmungssystem wird verbessert. Übst du den Kopfstand regelmäßig, dann steigerst du all deine Sinneswahrnehmungen und der Horizont kann sich erweitern. Man wird ausgeglichen, voller Selbstvertrauen und Mut.

Die Standwaage, eine Variante von Virabhadrasana, der Heldenstellung

Alle Heldenstellungvariationen sind dem großen Helden, Virabhadra, gewidmet, den Gott Shiva aus seinem Lockenhaar erschuf. Die Standwaage stärkt die gesamte Rückenmuskulatur, die Schultermuskeln, die Beine. Das Asana

hilft uns, fest mit eingezogenen Bauchmuskeln auf den Fußsohlen zu stehen. Es vermittelt Harmonie, Gleichgewicht, Ausgeglichenheit und Kraft, Dinge, die ein Held auch heutzutage braucht.

Der Spagat
Hanumanasana

Hanuman war der Name eines mächtigen Anführers der Affen, dessen Stärke und Tapferkeit außergewöhnlich war. Auf der Suche nach Sita, Ramas entführter Frau, übersprang er das Meer von Indien nach Sri Lanka. Einen zweiten Riesensprung machte Hanuman über das Meer in das Himalayagebirge, um dort für den verletzten Krieger Lakshmana eine heilende Pflanze zu pflücken. Dieses Asana ist Hanuman gewidmet und erinnert an seine gewaltigen Sprünge.

Diese schöne Stellung hilft, Hexenschuss zu heilen und stärkt die Bein- und Hüftmuskulatur.

Gerader Winkel
Samakonasana

In dieser Stellung wird der Spagat mit seitwärts ausgestreckten Beinen ausgeführt. Diese Übung ist noch etwas schwieriger als Hanumanasana, aber die Wirkungen sind ebenso intensiv. Vor allem werden die Hüftgelenke sehr flexibel, die Beinmuskeln gestärkt, die Wirbelsäule gestreckt und die Beckengegend gut durchblutet.

Die Krähe
Kakasana

Die Asanas sind gleichzeitig physische und geistige Übungen. Alle diese Übungen bereiten den Körper auf das große Ziel – die Meditation – vor. Aber vor allem sind es die Gleichgewichtsübungen, die die Konzentrationsfähigkeit am meisten fördern.

Der Schulterstand Sarvangasana, die Königinnen- oder Mutterstellung

Sarva bedeutet das Ganze und Anga der Körper. Der ganze Körper zieht aus dieser Stellung Nutzen, darum heißt sie auch die Stellung aller Teile. Auch der Schulterstand ist eine der größten Wohltaten, die der Menschheit von den

alten Weisen, den Rishis, überliefert wurde. Es ist ein universelles Heilmittel gegen die meisten alltäglichen Krankheiten. Das Asana normalisiert die Funktion der Schilddrüse und dadurch den Metabolismus im Körper. Der Schulterstand verhilft zu einer jugendlichen Figur und erhält die Haut glatt. Die Wirbelsäule bleibt flexibel, es wird eine tiefe Bauchatmung stimuliert und Herz- und Lungenbereich massiert. Er vermittelt ein Gefühl der Ganzheit und hilft, sich und sein Leben so zu akzeptieren, wie man ist und wie es ist.

Die Löwenstellung
Simhasana

Die Antiaggressionshaltung erzeugt Furchtlosigkeit, macht die Stimme klar und bessert die Sehkraft. Außerdem gibt sie viel Energie, Macht, Stärke und Disziplin. Simhasana bringt jeden unweigerlich zum Lachen, strafft und entspannt das Gesicht und beugt damit Falten vor.

Der herabschauende Hund
Adho-Mukha-Svanasana

Die Stellung erinnert an einen Hund, der sich mit Kopf und Vorderbeinen ausstreckt, die Hinterbeine aber nach oben hält. In dieser Stellung wird die Steifheit in den Schultern gemildert, sie stärkt die Fußgelenke und gibt den Beinen eine schöne Form. Sie lindert Schmerzen in den Fersen und hilft gegen Fersensporn. Der Herzschlag verlangsamt sich und das Gehirn und die Nerven werden beruhigt. Der

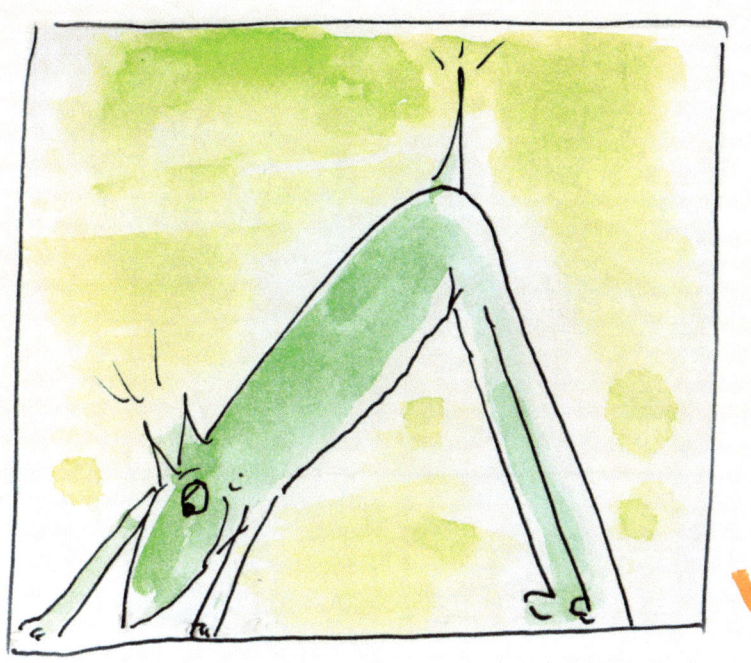

Kopf hängt zwar nach unten, aber die Stimmung hebt sich. Wenn du müde bist, bringt die Stellung neue Energie. Und man kann sie sogar bei Bluthochdruck ohne Gefahr üben.

Das Dreieck
Trikonasana

Der Körper bildet die Form eines lang gestreckten Dreiecks. Durch diese Stellung wird die Wirbelsäule beweglicher, die Ausrichtung der Schultern wird korrigiert, Nackensteifheit verschwindet, die Beine werden stark und schön. Außerdem hilft die Stellung bei Verdauungsstörungen, Übersäuerung und Blähungen.

Die Heuschrecke
Shalabhasana

Regelmäßiges Üben der Heuschrecke lindert Rückenschmerzen und Ischiasbeschwerden. Die Stellung unterstützt die Verdauung und befreit von Magenbeschwerden. Sie dehnt die Brust und hilft so bei Asthma und anderen Atembeschwerden.

Die Heuschrecke produziert Körperwärme, da es die Durchblutung in der ganzen Wirbelsäule fördert. Also ausprobieren, wenn es dich friert!

Jedes Asana lässt auch mentale Wirkungen entstehen. Hast Du Probleme mit der Eigenschaft „Ausdauer", dann solltest Du die Heuschrecke ganz oft üben.

Der Fisch Matsyasana

Matsya bedeutet auf Sanskrit Fisch. Die Stellung ist dem Gott Vishnu gewidmet, dem Schöpfer und Erhalter des Weltalls und aller Dinge.

Es wird berichtet, dass vor tausenden von Jahren die verdorbene Erde von einer alles umfassenden Sintflut überwältigt zu werden drohte. Vishnu nahm die Gestalt eines Fisches an und warnte Manu (Adam der Hindus) vor dem drohenden Unheil. Der Fisch trug Manu, seine Familie und

die sieben großen Weisen in ein Schiff, das an einem Horn auf seinem Kopf festgebunden war.

Die Haltung steht für Freiheit. Der Brustkorb wird geweitet, die Rückengegend ist vollkommen gedehnt und die Lungen können maximal mit Sauerstoff gefüllt werden.

Das Rad
Chakrasana

Eine fortgeschrittene Stellung, besonders, wenn man dabei noch ein Bein so gerade hoch hebt oder ein Bein und einen Arm! Die rückbeugende Flexibilität wird in hohem Maße entwickelt und sie öffnet das Herz. Emotionale Spannungen, vor allem im Herzen, lösen sich, der Brustkorb wird gedehnt. Beine, Arme, Handgelenke, das Gesäß, die Willenskraft, Durchsetzungsvermögen werden gestärkt. Wie der Kopf- und Schulterstand wirkt das Rad stark verjüngend.

Die Bärenstellung

Bist du müde und abgespannt, lege dich wie der Bär auf den Rücken, strecke Beine und Arme hoch und lass dir den Honig ins Maul tropfen.

Die Stellung ist wie alle Umkehrstellungen gut bei Krampfadern und Hämorrhoiden. Das venöse Blut fließt zum Herzen zurück und beruhigt Herz und Kreislauf. Wie bei allen Stellungen, in denen du die Beine gen Himmel streckst, ist die Wirkung verjüngend.

Siddhis

Ein vollkommener Meister des Yoga besitzt 8 große, übernatürliche Kräfte.

Anima

Der Yogi kann sich vollkommen verkleinern, so wie er will.

Mahima

Der Yogi kann sich so sehr vergrößern, wie er will. Er kann das ganze Weltall mit seiner Größe ausfüllen.

Prakamya

Er kann im Wasser untertauchen, so lange er will und macht sich unsichtbar. Er hat die Kraft, in andere Körper einzugehen. Durch Prakamya kann man sich lange ein jugendliches Aussehen bewahren.

Vasitwam

Der Yogi hat die Kraft, wilde Tiere zu bändigen und zu zähmen und er hat die Kraft, Männer und Frauen und Elemente zu beherrschen.

Laghima

Der Yogi kann seinen Körper gewichtslos machen. Durch Einsaugen von viel Luft verliert der Yogi sein spezifisches Gewicht und mit Hilfe von Laghima durchquert er die Luft und kann tausende von Kilometern in einer Minute zurücklegen.

Gharima

Der Yogi kann so viel er will an Gewicht zunehmen.
Durch Einsaugen von Luft kann er den Körper wie einen
Fels schwer machen.

Prapti

Der Yogi kann die höchsten Dinge berühren, während er auf der Erde steht. Er kann durch Prapti Hellsehen, Hellhören, die Zukunft voraussagen, Gedanken lesen, die Sprache der Tiere verstehen und auch ihm unbekannte menschliche Sprachen sofort verstehen.

Ishatwam

Er ist die göttliche Kraft und kann Tote zum Leben erwecken.

Die Autorinnen

Judith Schmitt,
begeisterte Yogaübende und Ayurvedainteressierte, verantwortlich für die Illustrationen.

Heidrun Pinther,
leidenschaftliche Yogalehrerin, verantwortlich für den Text.

Danksagung

Zu diesem Buch gibt es eine kleine Geschichte, die zeigt, was entstehen kann, wenn viele Rädchen ineinandergreifen.

Es war im April 23, ein knappes halbes Jahr nach Judiths Tod, als ich das bereits vor einigen Jahren aufgelegte und ausverkaufte Büchlein YOHO bei meiner Freundin Claudia entdeckte und sofort verliebt war in dieses kleine Yoga-Buch.

Der Gedanke von einer Neuauflage sollte mich von diesem Moment an nicht mehr loslassen. Ich begab mich auf Spurensuche und fand Regina, die die Druckdatei für YOHO auf einem altem Computer im Keller hatte und weiter bearbeiten konnte.

Auch Heidrun, die Coautorin, der ich von meinen Plänen berichtete, gab ihr Einverständnis für eine Neuauflage und von Judith wusste ich ganz sicher in meinem Herzen, dass auch sie die Idee gut gefunden hätte. Ja, und dann wart da natürlich noch Ihr, liebe Judith-Familie und Freund:innen, die Ihr mir mit Eurem Zuspruch für meine Idee den Schwung gegeben habt, den es brauchte, um den Plan zu verwirklichen.

Als dann auch noch der Novum Verlag gefunden wurde, war das Glück perfekt und einer neuen Veröffentlichung stand nichts im Wege!

Nun, ein Jahr später, ist es soweit: YOHO darf seine Reise in die Herzen der Leser:innen fortsetzen und ich danke allen aufrichtig für Eure Ermunterung und Unterstützung.

Aus dem Erlös eines jeden verkauften Exemplars geht

1€ an die Stiftung Deutsche Krebshilfe.

Katrin Stich

Ein besonderes Danke an Kuh Lisl,
Hund Freddy, Hündin Emma, Katze Lilly
und alle anderen mitwirkenden Tiere.

Nachwort

Mein Leben hielt viele unterschiedliche Stationen für mich bereit: eine Stelle als Medizinisch-technische Radiologiefachassistentin, die Mitarbeit in Galerien und Kultureinrichtungen sowie einer Schauspieler-Agentur, bis hin zur Geschäftsführung des Traditionskinos „Babylon" in Berlin.

In der Mitte meines Lebens jedoch entdeckte ich einen Schatz – meine Leidenschaft für Yoga. Seither absolvierte ich viele Ausbildungen, um heute selbst als Ausbilderin in TriYoga zu arbeiten. Seit dieser Zeit habe ich große Wandlungen in mir erfahren. Denn dieser Schatz eröffnete und eröffnet mir immer wieder neue Wege und Perspektiven, aktiv für andere und für mich selbst zu werden, zu lernen und kreativ zu sein.

Zu diesem Schatz gehört auch YOHO – dieses kleine Yoga-Büchlein mit Judiths fröhlichen Zeichnungen. Vor seinem Erscheinen haben wir Ayurveda-Küche und Yoga-Übungen in einem gemeinsamen Projekt kombiniert. Eines Tages, beim Betrachten von Judiths liebevollen Tierzeichnungen, hatte ich die Idee für ein Buch – wofür Judith zeichnet und ich texte und plane. YOHO entsteht und wird veröffentlicht.

Und nun gibt es sogar eine Neuauflage! Das ist eine große Freude für mich und eine glückliche Erinnerung an die Zusammenarbeit mit Judith! Ich danke Katrin Stich für ihre Beharrlichkeit, ja auch ihren Mut, und wünsche YOHO ganz viel Erfolg!

Heidrun Pinther

Die Autorin

Judith Schmitt wurde am 19.8.1961 in Bremen geboren. Sie erkrankte mit 17 Jahren erstmalig an Krebs und überstand in ihrem Leben insgesamt drei schwere Krebserkrankungen. Die Kunst, Ayurveda und Yoga halfen ihr in ihren schweren Lebenskrisen. Mit ihrem bedingungslosen, positiven, lebensbejahenden und kreativen Optimismus hat sie viele Menschen in ihrem Leben inspiriert. Ihre Botschaft war die Liebe unter den Menschen und zu allen Lebewesen. Die letzten 10 Jahre lebte Judith Schmitt in Fischerhude. Am 11.11.2022 ist Judith Schmitt in Lilienthal bei Bremen gestorben.

novum ▲ VERLAG FÜR NEUAUTOREN

Der Verlag

„ *Wer aufhört
besser zu werden,
hat aufgehört
gut zu sein!*

Basierend auf diesem Motto ist es dem novum Verlag ein Anliegen, neue Manuskripte aufzuspüren, zu veröffentlichen und deren Autoren langfristig zu fördern. Mittlerweile gilt der 1997 gegründete und mehrfach prämierte Verlag als Spezialist für Neuautoren in Deutschland, Österreich und der Schweiz.

Für jedes neue Manuskript wird innerhalb weniger Wochen eine kostenfreie, unverbindliche Lektorats-Prüfung erstellt.

Weitere Informationen zum Verlag und
seinen Büchern finden Sie im Internet unter:

www.novumverlag.com